Thomas Hanstein

Nackt vor dir - Psalmengebete

Thomas Hanstein

Nackt vor dir - Psalmengebete

Psalmengebete mit Klagenden, Trauernden und Hoffenden

Fromm Verlag

Imprint

Any brand names and product names mentioned in this book are subject to trademark, brand or patent protection and are trademarks or registered trademarks of their respective holders. The use of brand names, product names, common names, trade names, product descriptions etc. even without a particular marking in this work is in no way to be construed to mean that such names may be regarded as unrestricted in respect of trademark and brand protection legislation and could thus be used by anyone.

Cover image: www.ingimage.com

Publisher:
Fromm Verlag
is a trademark of
Dodo Books Indian Ocean Ltd. and OmniScriptum S.R.L publishing group

120 High Road, East Finchley, London, N2 9ED, United Kingdom
Str. Armeneasca 28/1, office 1, Chisinau MD-2012, Republic of Moldova, Europe
Managing Directors: Ieva Konstantinova, Victoria Ursu
info@omniscriptum.com

Printed at: see last page
ISBN: 978-3-8416-0399-9

Copyright © Thomas Hanstein
Copyright © 2015 Dodo Books Indian Ocean Ltd. and OmniScriptum S.R.L publishing group

Inhalt

Gedanken vorab	5
Via recta *(Psalm 1)*	9
Weiter Raum *(Psalm 4)*	11
Platz nehmen *(Psalm 7)*	14
An Hecken und Zäunen *(Psalm 9)*	17
Durchlöchert *(Psalm 10)*	19
Pacta sunt servanda *(Psalm 12)*	22
Aufs Glatteis geführt *(Psalm 18)*	25
Kein Gott nirgends *(Psalm 22)*	28
Wasser inmitten der Wüste *(Psalm 23)*	31
Unschuldig denunziert *(Psalm 26)*	34
Sonne der Gerechtigkeit *(Psalm 27)*	37
Geerdete Himmel *(Psalm 28)*	39

Dornen *(Psalm 29)*	41
Engel am Weg *(Psalm 33)*	44
Kinder an der Macht *(Psalm 34)*	46
Angenagt *(Psalm 35)*	49
Reden ist Silber *(Psalm 39)*	52
Nackt vor dir *(Psalm 41)*	55
Tragende Wurzeln *(Psalm 45)*	58
Eng machende Angst *(Psalm 54)*	61
Der Alte spielt nicht *(Psalm 59)*	64
Barfuß *(Psalm 62)*	67
Offene Himmel *(Psalm 63)*	69
Die Wahrheit macht frei *(Psalm 72)*	71
Befreier-Gott *(Psalm 80)*	74
Kleingeister *(Psalm 87)*	77

Knospen unter dem Eis *(Psalm 94)*	79
In der Mitte des Lebens *(Psalm 102)*	82
Zur Freiheit berufen *(Psalm 106)*	85
Maladie catholique *(Psalm 112)*	88
In manus tuas pater *(Psalm 119)*	91
Hell in dir *(Psalm 120)*	93
Gesegnete seid ihr *(Psalm 121)*	95
De profundis *(Psalm 130)*	97
Ruhige See *(Psalm 131)*	100
Brücken bauen *(Psalm 135)*	103
Wer bin ich *(Psalm 139)*	106
Trotz-dem *(Psalm 140)*	109
Mit ausgestreckten Armen *(Psalm 143)*	112
Lob dem Gott des Lebens *(Psalm 150)*	115

Gedanken vorab

„Wohl dem Mann, der … lobe den Herrn!" – So lauten die ersten und die letzten drei Wörter des biblischen Buches der Psalmen. Der Anfang entstammt Psalm 1, die abschließende Aufforderung Psalm 150. Dazwischen findet sich viel Gebet, vor allem aber viel Erfahrung und Menschenkenntnis. Verstaubtes Wissen von gestern?

Je mehr ich als Seelsorger unterwegs bin, umso mehr habe ich in den letzten Jahren erfahren, dass ich Menschen in seelsorglichen Einzelgesprächen immer wieder meine Sprache leihen konnte, Zustände „ins Wort nehmen" zu können. Zustände meist, die ihnen nicht mehr zum Aushalten schienen. Stellvertretend „ins Gebet bringen" konnte ich Erfahrungen gelegentlich auch dort, wo Menschen selbst nicht mehr zu beten vermochten – in Situationen tiefen Unglücks, gelegentlich auch aufgrund von Umständen in der Institution Kirche und ihrer speziellen Mentalität. Aber auch Momente großen Glücks und tiefer Dankbarkeit, die gleichermaßen zum Verbalisieren des Unaussprechlichen herausfordern. Und jedes Mal waren mir die Psalmen dabei eine große Hilfe. Denn die Erfahrungen heutiger Menschen an den Gebetsausfluss der Erfahrungen früherer Generationen buchstäblich „anzuhängen", das kann kreative Gebetsprozesse ermöglichen. Dabei zugleich in der Gebetsschule des Juden Jesus von Nazareth zu stöbern, der mit den Psalmen aufgewachsen ist, an Gedanken hängen zu bleiben, die Zeitlosigkeit bestimmter Erfahrungen beglückt oder auch schmerzhaft wahrzunehmen, und die eigene konkrete Situation damit sprachlich zu verbinden, das bereits ist tiefes Gebet. Und ich habe es als mehr erlebt: als verdichtete innere Bewegungen, die etwas angestoßen haben – nicht selten Heilsames.

So wünsche ich allen, denen dieses Büchlein in die Hände fällt, nicht nur Inspiration durch die hier abgedruckten Psalmenumdichtungen, sondern vor allem Lust, in der Fastenzeit mal wieder ein wenig Zeit für die Psalmen zu finden: für die 40 hier abgedruckten - für jeden Tag der Vorbereitungszeit auf Ostern einer -, vor allem aber für die zusätzlich 110 weiteren in der Bibel. Eine größere Nähe zu den Müttern und Vätern des Glaubens, zu den zeitlosen existenziellen Grunderfahrungen des Menschseins - in all ihrer Vielfalt und Ambivalenz - und zur Gebetspraxis Jesu lässt sich wohl schwerlich erreichen.

Das Erlebte, Beglückende, aber auch das Erlittene so ins Wort und ins Gebet zu nehmen, das kann hier und da vielleicht irritieren. Daher ist es wichtig zu betonen, dass alle Gedanken und so entstandenen Psalmengebete aus der seelsorglichen Praxis entspringen. Egal, ob Psalmen der Klage, der Trauer, der Hoffnung, der Freude oder der Gott lobenden Dankbarkeit: Allen gemeinsam ist die Haltung des und der Betenden: Nackt vor *ihm,* ausgeliefert vor Gott - und damit auch vor sich selbst - zu stehen. Bestimmte Situationen, Ereignisse oder Umstände im Leben schärfen oft erst (wieder) den Blick dafür. Das haben alle biblischen Psalmenautorinnen und -autoren so erfahren, das haben auch die Menschen erlebt, deren Worte ich anstoßen und weiter formulieren konnte.

Das Coverbild erinnert mich an einen meiner Lieblings- und inneren Sehnsuchtsorte: die Ostsee. *Ganz* nackt in die sanften Wellen zu gleiten und das kühle Nass an *allen* Muskeln zu spüren, sensibilisiert für eine besondere Verbindung mit der Natur – und mit dem Wasser als Symbol des Lebens.

Ich lege das Büchlein auf die Feststellung eines Mannes, den ich ein wenig durch eine berufliche und dann auch persönliche Krisenerfahrung begleitet habe – ein Motto, das für die Wahrhaftigkeit der Kirche ebenso zutreffen sollte wie für das Leben als gläubiger und hoffender Mensch:

> *„Sie müssen mir nicht alles sagen, was wahr ist.*
> *Aber das, was sie sagen, das sollte wahr sein.*

Was aber für das Gegenüber gilt, gilt auch immer für das Ich. Und so spiegeln sich in den Psalmen zwar die Erfahrungen, Freuden und auch Enttäuschungen mit anderen Menschen. Diese Texte geben aber zugleich auch immer Einblick in die Tiefe unserer eigenen Seele – und in die grundsätzlichen Möglichkeiten des „Menschlichen, Allzumenschlichen" (F. Nietzsche).

Thomas Hanstein   Erbach/ Ulm, zu Beginn der Fastenzeit 2015

Via recta

(Psalm 1)

Nah bei dir
Gott des Lebens
eine Kirche
die vertraut

nicht dem Wort der
Tradition
vor der Bedürftigkeit
der Menschen
von heute

Nah bei dir
Gott des Lebens
eine Kirche
die einlädt

nicht zu geben
sondern zu nehmen
Teil zu sein
statt Besucher und Gast

Nah bei dir
Gott des Lebens
eine Kirche
die zuhört

anstatt
zu reden
Wissen
beanspruchend

von dir
Weg
allen
Lebens

Weiter Raum

(Psalm 4)

Herr
der Weite

Du

hast mir Raum gegeben
als es eng in mir wurde

hast mir Weite geschenkt
als mich die Angst überfiel

Du

Herr
des Raumes

Du

hast mich angerührt
als mich niemand mehr
ansprechen konnte

als mir bange war
vor Hilflosigkeit

Du

Raum
und Weite

In dieser Sicherheit
lege ich mich
und schlafe ein

weiter Raum
in mir

Raum
und Weite

Du

atme ich mir
weiter Raum

Du

Platz nehmen

(Psalm 7)

Herr
mein Retter

lass mich Platz finden
Platz finden bei dir

Sie wollen mir ans Leder
mich zerfetzen
und zerfleischen

mit üblen Verleumdungen
und schlimmen Beschimpfungen

würden sie sie offen aussprechen
mir ins Gesicht
ich wüsste zu antworten
und sie wären beschämt

Doch sie reden nicht
in meinem Beisein
erheben nicht das Haupt
wenden ihren Blick ab
vor schlechtem Gewissen

doch sobald ich mich
nicht zur Wehr setzen kann
speien sie gegen mich aus
wie nur gehässige Menschen
es tun

Herr
mein Retter

lass mich Platz finden
Platz finden in dir

dann kann auch ich
es abhalten von mir

kommt es nicht an mich heran
perlt es ab
wie verbrauchtes Öl

ihre Lügen
Verleumdungen
Böswilligkeiten

Herr
mein Retter

lass mich Platz nehmen
Platz nehmen bei dir

Dir zur Seite
fürchte ich nichts

und niemanden
mehr

An Hecken und Zäunen

(Psalm 9)

Hinaus will ich gehen
zu denen
im Abseits

an Hecken und Zäunen
erwarte ich

dich

Gott des Abseits
der Entrechteten
Verlachten
und Verhöhnten

Denn näher an

dir

ist der Arme
der erkannt hat
seine Armut

und fallen lassen kann
seinen Stolz

Zeig dich
Herr

an Hecken und Zäunen
erwartet man

dich

Durchlöchert

(Psalm 10)

Immer weiter
und immer tiefer
werde ich angenagt

und dünner und hohler
vom Leben das
mir nicht mehr glücken will

Eins aufs andere folgt
im Griff habe ich nichts mehr
was mir früher gelang
gestern noch

Immer weiter
und immer fester
werde ich durchlöchert

von Fragen
von Zweifeln
von bitterer
Angst

Habe ich das eine gelöst
steht schon das nächste
vor der Tür
tags oder nachts

Herr
Sehnsucht meines Herzens
stärke meine Zuversicht
auf das Morgen

dass ich nicht austrockne
dünner und hohler
vom Leben
das mir nicht mehr
glücken will

kann
oder soll

Gib mir Halt
dort
wo kein Halten
mehr ist

immer weiter
und
immer
tiefer

hohl
und
leer

Pacta sunt servanda

(Psalm 12)

Hilf
Herr
denn sie halten ihre Treue nicht
und stehen nicht zu ihrem Wort

das sie gegeben haben
viel einfordernd
viel versprechend
viel in Aussicht stellend

Hilf
Herr
denn sie haben sich
auf dich berufen
auf deinen heiligen Namen

der ihnen nicht zu wertvoll war
viel einzufordern
viel zu versprechen
viel in Aussicht zu stellen

so wahr Gott helfen möge
so dein Geist es begleite
so weit
so gut

Hilf
Herr
denn sie sind wortbrüchig geworden
und stehen nicht zu unserem Pakt

der so nicht gemeint gewesen sei
viel einzufordern
viel zu versprechen
viel in Aussicht stellen zu können

Hilf
Herr

lügen sie denn alle
und achten nicht ihr eigenes Wort

die sich auf dich berufen
viel zu wollen
von den Menschen
und zu geben wenig dafür

Nicht glauben
will noch
kann
ich es

Hilf
Herr
ihnen
die dich im Munde
und im Namen führen

und errette mich nur
und auf immer
von ihnen
und ihrer Falschheit

Aufs Glatteis geführt

(Psalm 18)

Katz und Maus
so spielt das Leben
gelegentlich
einem mit

mit einem
Katz und Maus

Sie reden weg
was ihnen nicht
in den Kram passt

und drehen einem
das Wort
im Munde herum

gelenk wie nur
Katz und Maus
sein können

glatt und glitschig
wie auf Eis
geschmiert dazu

Konstruktivismus nach
eigener Manier
ein System
scheint mir

sie drehen einem
gelenk wie das
Spiel des Lebens

die Katz
zur Maus
gelegentlich
zurecht

Recht hat wer
hat der
der Recht bekommt
recht handelnd

nein wozu

mit einem
Katz und Maus

das Spiel ist aus

Kein Gott nirgends

(Psalm 22)

Gott
warum hast du mich verlassen
oder

ist schon das Wort
warum
zu viel

Hast du mich verlassen
oder
warst du nie da

Waren all meine Rufe und Gebete
nur
Projektionen meiner Wünsche
Hoffnungen meiner Kinderträume
Verdrängungskünste vielleicht sogar

Dir habe ich vertraut
und dir vertraue ich noch immer
oder

habe ich dann
meinen eigenen Projektionen
geglaubt

Meine Kehle wird trocken
wenn ich heute beten will
mein Geist zerstreut
wenn ich um Worte ringe

Zu viel der Enttäuschungen
die ich erlebt
unter den Deinigen

Hingeschüttet wie Wasser
wurde ich
dem gesprochenen Wort

vertrauen wollend
mein Recht ertrotzend

Kein Recht dem Einzelnen
wo ein hehres Ideal
an letzter Stelle

wo das Ganze
vor dem Menschen steht

deinem
Abbild
eigentlich

wer dies erlebt
und wieder
und wieder erlebt
dem gehen die Worte aus

Worte für das Gebet an einen Gott
um den es leise geworden
den er nicht mehr finden kann

in dieser
vielleicht doch nicht
immer
deiner Kirche

eher draußen
wo du
alles umwehst

Wasser inmitten der Wüste

(Psalm 23)

In einer Parallelwelt
die sich selbst vergötzt
und deinen Geist dazu benutzt
die sich arm und bescheiden wähnt
und dabei dekadent selbstverliebt
moralische Werte aufbauend
zum eigenen Nutzen
und dabei

seichte Tugendwolken
Seifenblasen gleich
erschafft

reichst du mir
immer wieder
deinen Becher

mit erfrischendem Nass
deinen Stecken
zur Stütze
deine Hand
mich aufzurichten

Du lässt mich
Herr
Ruhe finden
an deinem
Wasser des Lebens

das keine
noch so feierliche
liturgische Äußerlichkeit
dieser parallelen Welt
vermeintlicher Heiligkeit

je ersetzen kann
noch darf

das mich
immer wieder erkennen lässt
wer der eigentliche
gute hirte
ist

und

wer
nicht

Unschuldig denunziert

(Psalm 26)

Wer verschafft mir Recht
Herr der Gerechtigkeit

wenn
das Bild erst gezeichnet
der Ruf zusammen konstruiert

mit
Bruchstücken der Wirklichkeit
mit sortierten Motiven
aus eigenem Anbau
Missgunst vielleicht
Angst ganz gewiss
Lüge auch dabei
und Heuchelei

Wer verschafft mir Recht
Herr der Gerechtigkeit

Du hast mein Sinnen geprüft
erforsche immer wieder neu
mein Herz und mein Wollen

Auch ich bin nicht frei von Schuld
doch mein Trachten
war stets lauter
und meine Ziele edel
meine Vision war erfüllt
vom Ganzen
und von dir

Vertraut habe ich dir
wie den Menschen

Herr der Gerechtigkeit

einigen aber zu viel
erkannt habe ich es

zu spät

Nicht an meinen Händen
klebt die Schandtat
ihr Geschwätz und
ihr abschätziges Lachen
zeugen davon
richte du sie
Herr der Gerechtigkeit

Lass mich getrost weiterziehen
meinen Weg
wie du ihn für mich gezeichnet hast
festen und sicheren Schrittes

Denn du sprichst mir Recht zu
und allein dein Recht genügt
Herr der Gerechtigkeit

das ich mir nicht selbst geben kann

Sonne der Gerechtigkeit

(Psalm 27)

Du bist meine Sonne

Licht und Leben
Kraft meiner Stärke

Mag auch der Mob toben gegen mich
die Dummheit der Masse laut
das Wort schwingen

ich bleibe in Zuversicht

Du bist meine Gerechtigkeit

birgst mich unter deinem Dach
erhebst mich zu dir empor
um das Toben zu überblicken

Du bist Licht und Klarheit

so kann ich wach hören und scharf sehen
und die Umstände sicher zu beschauen
in deinem Licht

Licht aller Lichter
Sonne aller Sonnen
Gerechtigkeit aller Wirklichkeiten

Zeige mir von dort meinen Weg
den ich gehen
soll

licht
hell
gerecht

als Lebender unter Lebenden

Geerdete Himmel

(Psalm 28)

Nicht fern von mir
der Glanz deiner Himmel
himmlischer Gott

Himmlisch –
aber nicht fern
nah
ganz nah

Du hast mich gehört
obgleich ich so fern war von dir

Du hast mich entrissen dem Sog
der nach unten mich ziehen wollte
dem Tod entgegen

Ich preise den
der mir half
als niemand mehr
mir helfen wollte

wundersamer
prächtiger
mächtiger
und ohnmächtiger
Gott

nicht fern von mir
nah
ganz nah

weil auch du
als Mensch
nur noch hoffen konntest

den Himmel
mir
erdend

Dornen

(Psalm 29)

Seine Stimme
wer kann sie noch hören

im Stimmengewirr der Zeit
im lauten Durcheinander
im schnellen Lauf

seine Stimme
für uns

Sein Wort
wer kann es noch vernehmen

da die Worte immer mehr werden
und ihre Verbindlichkeit
immer weniger

Seine Hand
wer kann sie noch spüren

in einer Zeit
die nur der Menschen Werk
und das Resultat ihrer Arbeit sieht

Die Gewalt seiner Stimme
den Klang seiner Worte
die Kraft seiner Hand

sie fuhren mir in Mark und Bein
und als Stich ins Herz
wie Dornen von allen Seiten

als ich den vertrauten Freund
mit meiner Geliebten entdeckte

als ich meinen Kollegen
Interna weitertragen hörte

als sie mich anlogen
festen Blickes
anstatt mir die Wahrheit zu sagen

mit ihrer Stimme
mit ihren Worten
mit ihren Händen

Dornen über Dornen
in meinem Herzen

das mir immer heißer
und schwerer wird

Dornen über Dornen
auch in deinem Leben

Gott

Deine Stimme
deine Worte
deine Hand

ich spüre sie auch
in meinem Leben

Lass sie auch jene spüren
die mich so enttäuschten

und vielleicht
auch dich

Engel am Weg

(Psalm 33)

Was wäre ich ohne sie
meine Engel am Weg
die du mir bereitgestellt

mich zu begleiten
mir Mut zuzusprechen
mich zu korrigieren auch

Was wäre ich ohne sie
die du entsandt hast
als Menschen unter Menschen

Nach deinem Rat folgt Tag auf Tag
nach deinem Willen leben sie
dein Wollen es besteht ewig

Du blickst auf uns
stehst uns in ihnen bei
deinen Engeln am Weg

Und greifst doch selbst nicht ein
du Mächtiger
dir die Macht selbst nehmend

Du hast ein Auge auf uns
im Guten wie im Bösen
und diese Macht
sie genügt dir

Und so darf ich hoffen auf dich
der du mir Schutz und Schild bist
in deinen Engeln am Weg

Vertrauen und Freude können so sein
in deinen geheiligten Namen
ewiger Herr
der Engel am Weg

Kinder an der Macht

(Psalm 34)

Kostet und seht
der Herr ist gut

Es kosten und sehen
mit ganzem Herzen
wer kann es mehr
als Kinder es tun

Kommt alle Kinder
lauscht dem Herrn
kostet seine Speise
und spürt seine Nähe

In ihm seid ihr groß
seine Macht ist eure
weil kein Weiser und
kein Gelehrter

ihm so nahen kann
wie ihr
kostet und seht
der Herr ist gut

Ihr meidet das Böse
tut das Rechte
sucht den Frieden
mit jedermann

ganz von euch aus
weil ihr ihn in euch tragt
keine Belehrung
braucht es dazu

So blicken seine Augen
allezeit auf euch
er hört euch
sobald ihr ihn ruft

Kostet und seht
der Herr ist gut

Er lässt euch wachsen
und reifen
groß werden
in ihm

seine Kinder
Kinder
seiner Macht

Angenagt

(Psalm 35)

Angenagt
bis er bricht

der Ast
der Stamm
mein Leben

Angenagt
bis er fällt

der Baum
mein Baum
des Lebens

Angenagt
bis sie verdorrt

die Wurzel
die Wurzel
meines Lebens

Du Herr
hast alles verfolgt
und kennst
die die Axt angelegt

an meinen Ast
meinen Stamm
meinen Baum
an meine Wurzel
des Lebens

Eines nur erbitte ich
bevor ich

breche
falle und
verdorre

Dass sie nicht denken
es geschieht ihm recht
sein Leben hat er
selbst verwirkt

Auch sie sollen
brechen
fallen
verdorren

die mir Unrecht taten
zu Fall brachten
durch ihren Neid
und ihren Stolz

Angenagte sind jetzt
auch sie

bis sie

doch das
Gerechter
liegt bei dir

Reden ist Silber

(Psalm 39)

Ihr Spiel kennend
schwor ich mir
im Schweigen zu verharren
wenn sie mich zu provozieren kämen

Von Sorge sprechen sie
die sie empfänden
im Angesicht meiner Taten
die ihnen zu Ohren gekommen seien

Da brannte das Herz in meiner Brust
und ich drang sie
zu sprechen
über das Gehörte

Doch
Genaueres wisse man nicht
die Sorge sei
grundsätzlicher Natur

Seelsorglich
nennen sie es
deine Anwälte
Herr

mit seichten Andeutungen
und vorsichtigen Hinweisen
die Situation umkreisend
Menschlichkeit ausstrahlend

Da konnte ich nur noch schweigen
denn du
Herr
kennst meine Gedanken und Werke

meine Zeit habe ich
von dir erhalten
und ich habe sie genutzt

nicht vergeudet

auch nicht mit jenen
Spielchen der Macht

Lass du mich erkennen
Herr
wo mein Platz ist
und nimm diese Plage von mir

Dein bin ich
und ein Gast
wie es auch
meine Väter waren

Nimm diese Plage von mir
auf dass ich wieder frei reden mag
bevor ich von hier scheide

einen neuen Platz zu finden

Nackt vor dir

(Psalm 41)

Sei mir gnädig
Herr
wem habe ich geschadet
so beten meine Lippen
auf dem Krankenbett

Nackt vor dir
und nackt vor mir selbst
so fühle ich mich
seit Wochen

Tag für Tag
Nacht um Nacht

Nackt vor dir

Die Worte der Menschen
sind fade geworden
ich traue ihnen nicht
mehr
oder aber
alles zu

So voll bin ich
von Enttäuschungen
von Worten
die gesprochen
die beschworen
und gebrochen

von Bekundungen
die beteuert
und zu Staub zerronnen

von Freundschaftsdiensten
die sich gegen mich stellten
mich und sich selbst verratend

Nackt vor dir

habe ich aber auch
unterscheiden
gelernt

zwischen
den Redlichen
und den Gutmenschen

die im Letzten nur sich selbst
zum Freund haben
und ihr Spiegelbild

Nackt vor dir

hast du mich stark gemacht
weil ich nichts mehr
zu verbergen habe
mich ausgeliefert
ganz und gar

Nackt vor dir

kann ich so auch
nackt vor mir
und meinen Taten
stehen

unverschämt
aufrecht
fest

Tragende Wurzeln

(Psalm 45)

Du bist mein
Herr der Geduld

mir
dem Ungeduldigen
ein Wartender

dem Verzagten
in mir
ein Fels in der Brandung

Tragen können mich so
deine Wurzeln
und nähren
wenn mir Wasser
und Luft ausgehen

Deine Wurzeln
sie tragen auf immer
und speisen mich ewiglich

mit ihrem Wasser
werde ich mit Leben erfüllt
mit neuer Frische
und mit Geduld

Wo ist mein Ort
noch kann ich ihn nicht sehen
doch hoffen kann ich auf ihn
deine Wurzeln spürend

sie tragen
sie speisen
sie erfrischen

von dir her
denn du bist

mein

Herr
der Geduld

Eng machende Angst

(Psalm 54)

Gott ist unser Helfer
er beschützt unser Leben

Hätten wir ihn nicht zur Seite
wären wir nicht auf dem Weg

aus Krieg und Folter
ins gelobte Land Europa

Hier erhoffen wir Recht
und einen Platz für die müden Knochen

Doch angekommen
im gelobten Land Europa
hören wir von Islamisierung und Angst

Islamisierung durch uns
Angst vor uns
so fragen wir uns verunsichert

angekommen im gelobten Land Europa

Eng macht sie
die Angst
das wissen auch wir

Doch so eng
dass unsere Angst und unser Unrecht
nicht größer sind

Gott unser Helfer
Schutz unseres Lebens

vertreib jenen die Angst
die angstfrei leben dürfen

und reiße auch sie heraus
aus ihrer inneren Not

der Angst vor uns
den Neuen

ihre Gründe
kennst allein du

gütiger Gott
aller

Nackt vor dir

Der Alte spielt nicht

(Psalm 59)

Hast du sie so gewollt
diese Kirche
miteinander spielend

in geschwisterlicher Manier
gelegentlich
und auch mit dir

Ist das die Kirche
in der ich dienen soll
für dich

oder für sie
für wen eigentlich
frage ich mich
heute gelegentlich

da ich viel gesehen
viel erlebt
erduldet und erlitten
auch

Hast du sie so gewollt
diese Kirche
mit Macht spielend

Wahrhaftigkeit säuselnd
gegenseitig
und wohl auch dir

Das ist die Kirche
die mich enttäuscht hat
vielleicht auch dich

Hast du sie so gewollt
ich weiß es nicht
doch sie funktioniert
wohl auch so

diese Kirche

Denn wo
man sich versteckt
Offenheit nicht lebt
Wahrheit predigt

und doch nicht kennt
da spielt man
Katz und Maus

vielleicht auch
mit dir
doch du

spielst nicht

nicht mit ihnen
nicht mit mir
nicht mit der Welt

und auch das
unterscheidet dich
von ihnen

und uns allen

denn du
spielst
nicht

Barfuß

(Psalm 62)

Als Barfüßler durch die Welt

gewagter Gang
gefährdeter Schritt

Verletzlichkeit pur

Als Barfüßler durch die Welt

aber
auch

das Gespür für den Untergrund
den Kontakt mit dem Boden
der Natur
nahe

so
geerdet

Als Barfüßler durch die Welt

die Hornhaut wachsen lassen
das Streicheln der Kiesel spüren

beim flinken Lauf über den Grund
der spürbar trägt

Als Barfüßler durch die Welt

weil Gott selbst der Grund ist
den ich so spüre

lebensfroh
lustvoll

Haut auf Erde
Haut an Haut

Offene Himmel

(Psalm 63)

Dich mein Gott
suche ich

ob ich ruhe oder wache
mein Suchen endet nicht

Du kamst mir so oft zur Hilfe
wenn ich strauchelte

über Ungerechtigkeit und Lüge
auch über mich selbst

Und auch in Zeiten
tiefster Enttäuschung

über die Bosheit der Welt
und der Menschen

über auch meine Fehler und
meinen eigenen Leichtsinn

komme ich nicht los von dir
und suche ich dich

Stellen sie mir deshalb nach
weil mein Suchen nicht endet

ich will mich nicht hinabziehen
lassen vom Unglück

Es kommen wieder bessere Zeiten
des bin ich gewiss

dich suchend
der Himmel bleibt offen für mich

muss ich dafür auch
zurück über Los

Die Wahrheit macht frei

(Psalm 72)

Lügen haben kurze Beine

sind sie auch oft
lebenslang damit unterwegs

windig wie ein Wiesel
geschmeidig wie ein Fuchs

Lügen haben schnelle Beine

und schwer entlarvt
steht man nicht zu ihnen

Doch dein Reich
Herr
hat ewigen Bestand

und jede Täuschung
deckt es auf

früher
oder später

einmal

In deinem Reich zu leben
heißt

sie nicht zu brauchen

kurzbeinige Lügengebäude
Wieselwinde
Fuchsgeschmeide

sondern zu vertrauen

deinem Blick
und deiner Gerechtigkeit

die sie
Lügen strafen

wird

Und so darf auch
weichen
alle Angst

den Lügen

trotz
kurzer
schneller

Beine

Befreier-Gott

(Psalm 80)

Herr
Befreier der Armen

wie lange schweigst du noch
während Menschen
Menschen vernichten

mit Waffen
mit Worten
mit Gesten

Herr
Befreier der Armen

wann spüren sie
dass du
für sie bist

und
auch
in ihnen

ihre Angst kennst
ihre Sorgen teilst
ihre Lasten trägst

Befreier der Armen
Herr

erhalte sie am Leben
die sonst keinen Halt
mehr haben

Du in ihnen
spürbar

Herr
Befreier der Armen

und sie bekommen

neue
Kraft

Kleingeister

(Psalm 87)

Zu groß bist du
Gott der Herrlichkeit

um klein zu denken
von dir
vom Menschen

auch von
mir selbst

Kleinglauben kennen nur
die Kleingeister

die dich
nicht kennen

und die Kraft
die aus dir entspringt

oder sie
nicht kennen wollen

nicht kennen dürfen

den Kleingeist
verbergend

Knospen unter dem Eis

(Psalm 94)

Eiskalt wird mir
immer wieder
wenn ich ihre Worte höre
ihre Gedanken vernehme

Wie lange noch Herr
dürfen sie so reden
gegen Menschen
die von ihnen abhängig sind

Eiskalt wird mir
immer wieder
wenn ich ihre Worte höre
ihre Gedanken vernehme

Dass sie es gut meinen
ich will es ihnen nicht nehmen
doch es nur gut zu wollen
war schon oft der Anfang

des Übels
eiskalt wird mir
immer wieder

Du Herr
kennst ihre Worte
und Gedanken
erkennst sie von fern

Bewahre sie vor der Versuchung
ihrer Überheblichkeit
aus Macht heraus
und falscher Fürsorge

Denn der Mensch
auch noch so jung
trägt Knospen in sich
Knospen unter dem Eis

Warm wir mir
wenn ich darauf vertraue
auf diese Kraft in ihnen
durch dich geschaffen

Du kennst auch ihre Kraft
die Möglichkeit der Jugend
bewahre sie vor falschem Gehorsam
ihnen gegenüber

Knospen unter ihrem Eis
lass sie wachsen
und reifen
zum starken Baum

der der Eiseskälte des Lebens
und der kalten Mächte
zu trotzen vermag

groß und fest geworden
aus Knospen
die sich nicht brechen
nicht gefrieren ließen

Knospen unter dem Eis

einst
gewesen

In der Mitte des Lebens

(Psalm 102)

Höre mich
Herr
neige mir dein Antlitz entgegen
denn mein Leben will mir entweichen

Bis gestern hatte ich es im Griff
meine Pläne lagen mir offen vor Augen
die Zukunft unbeschwert vor mir

Verbrannt wie dürres Gras über Nacht
sind all meine Träume
und mit ihnen meine Zuversicht

Meine Kraft ist entschwunden
ich kann sie nicht mehr fühlen
mit dem Blick auf diesen Befund

Nur ein Wort eigentlich
Buchstaben bloß
und dazu nur ein Verdacht

aber unermesslich schwer
und abgrundtief schwarz
dieses Wort

es macht Angst
raubt Kraft
Schlaf und Nächte
Hoffnung auch

Du hast meine Kraft gebrochen
Unsterblicher
mitten auf meinem Weg
meine Pläne durchkreuzt

Eines nur erbitte ich
von dir

Raff mich nicht hinweg
in der Mitte meiner Tage
dieser Tage voll Verantwortung
nicht nur für mich selbst

Deine Jahre
Ewiger
überdauern Geschlecht um Geschlecht

So erhalte mir meine Kraft
den Meinen zu Liebe
denen ich ein Sorgender und Liebender
auch weiterhin sei

Eines nur erbitte ich
von dir
Herr

Raff mich nicht hinweg
in der Mitte meiner Tage

Zur Freiheit berufen

(Psalm 106)

Danket dem Herrn
dem Herrn eurer Freiheit
er hat euch entrissen dem Sklavenhaus
aus Diktatur und Willkür

Wer kann und wer will
seine großen Taten heute noch verkünden
Taten an euch gewirkt
und eurem Volk

Oft wird sie vergessen
diese Kraft des Glaubens
die an der Öffnung der Mauer mitgewirkt
vergessen und geleugnet sogar

Logische geschichtliche Konsequenz
Mut Einzelner auf großer Bühne
plötzliche Einsicht
bislang Verbohrter

Du hast sie zur Einsicht gerufen
und berufen zur Freiheit
die Vernunft in ihr Herz gelegt
und ihr Handeln stark gemacht

Danket dem Herrn
dem Herrn eurer Freiheit
er hat euch gestärkt
seinen Geist in euch gelegt

den Geist der Freiheit
der auch heute wieder

Ketten sprengen
Mauern fallen
Staaten und Völker
zusammenkommen lassen will

zur Freiheit berufen
sind wir alle

Hilf uns dazu
Herr der Freiheit
dies nicht nur zu sehen
sondern zu leben

Maladie catholique

(Psalm 112)

Wohl uns
wenn wir zum Öffnen bereit sind
so viele stehen vor unserer Tür

Wohl unserer Kirche
wenn sie zum Teilen bereit ist
so viele akzeptieren ihren Besitz nicht mehr

Ich lernte einen deiner Priester kennen
er erzählte mir von seinem Ausstieg
den er bewusst gewählt

um ganz frei zu sein für deine Armen
um sich nicht zu identifizieren mit
jener Seite der Kirche

die Macht symbolisiert
und Geld und Gewalt
und unfähig wird für deinen Auftrag

Krank mache dies
so habe er erfahren
am eigenen Leib
und dem der Kirche

Dafür gäbe es sogar einen Namen
maladie catholique
und viele Symptome
die er immer wieder gesehen

Ich nahm dieses Zeugnis ernst
nicht selbst krank werden wollend
nicht in einer kranken Kirche
zu dienen

Und besprach es mit vielen
Kennern geschlossener Systeme
und erkannte das Problem

das nicht zuerst im Öffnen
nach außen besteht
sondern in einem Öffnen
nach innen

Denn wo dies nicht erkannt
und nicht gelebt
bestätigt sich durch innere Regeln
immer das nur

was man hören will
und hören kann
mit inneren Ohren
taub bleibend nach außen hin

weil nicht sein kann
was nicht sein darf
weil nicht sein muss
was nicht bekannt

So bitte ich dich
Herr
gib uns Offenheit füreinander
und lass uns erkennen
viele Wahrheiten und Möglichkeiten

die ein System nur weiten können
weiten nach außen
und nach innen
um zu gesunden ganz

So danke ich dir
Herr
für einen Papst
der dies erkannt hat
und nicht auf Äußerlichkeit setzt

In manus tuas pater

(Psalm 119)

Ein Bild der Zuversicht
wenn ich scheide
in deinen Händen
fallend wieder dort hinein

Was muss ich fürchten
wenn ich dies glauben darf
zitternd und nach Luft ringend
auf dem Sterbebett

In deinen Händen Vater
ein Bild meiner Kindheit
getragen mich bis hierher
in mir leuchtet es auf

Tiefer fallen kann ich nicht
das sagt mir dieses Bild
und lässt mich ruhig schlafen
wo ich bald ganz einschlafen werde

Meinen Leib und meinen Geist
mein geglücktes und verunglücktes
gelungenes und misslungenes Leben
ich lege es zurück in deine Hände

guter Vater
du
dir
ganz

Nimm es
und nimm mich
ich bin
dein

Hell in dir

(Psalm 120)

In ihren Pfeilen
und spitzen Worten
erkenne ich so viel Missgunst
und abgrundtiefe Dunkelheit

dass ich selbst fliehen wollte
ins dunkle Dickicht
in den Schutz der finsteren Nacht

Doch du stärkst mich
dass ich einfach weiter rede
und weiter lebe
hell in dir

Wo so viel Dunkel im Menschen
nach unten ziehen will
da spendest du mir selbst Licht
und richtest mich auf

nicht zugrunde zu gehen
und nicht abzulassen vom Guten
und dem Glauben daran

Könnte ich diese Helligkeit
nicht mehr sehen
die von dir ausgeht
Herr des Lichts

ich wäre bereits verloren
denn ich wehre mich nicht
sie aber greifen mich an
mache ich nur den Mund auf

Und so begnüge ich mich
mit deiner Helligkeit
und lasse sie leuchten
weiter in mir

Gesegnete seid ihr

(Psalm 121)

Wohin ich auch blicke
ich sehe keine Hilfe
doch sie ist da
denn du bist da
von Anfang an

Deinen Zuspruch bekam ich
bereits im Mutterleib
weit vor meinem ersten Schrei
und was ich dort mitbekam
du hast es mir zugesprochen

getragen zu werden
dazu zu gehören
ganz sein zu dürfen
und mich zu entfalten
schwimmend oder laufend

Dein Segen
Segensreicher
ist ausgesprochen
über mein ganzes Leben
wo ich auch bin

wohin ich auch trete
ob im Recht oder im Unrecht
dein Segen bleibt bestehen
und deine Hilfe reißt
nicht ab von mir

Du behütest mich
wenn ich fortgehe
und wenn ich wiederkehre
von heute bis in alle Zeit
behütest du mein Leben

Nackt vor dir

De profundis

(Psalm 130)

Aus der Tiefe
schweigend
Schreie zu dir

Herr
hörst du mein Klagen

Hast du noch ein Ohr
für mich

oder

bist du ein Gott

der Mächtigen
der Macht
der Intrige
der Korruption

Dann stimmt es also
hilf dir selbst
dann hilft dir Gott

Aus der Tiefe
schweigend
Schreie zu dir

Herr
hörst du meine Stimme

Hast du noch ein Wort
für mich

oder

ist deine Huld zerronnen

Dann wäre sie vergebens

meine Hoffnung

auf dich
den Herrn des Morgens
der

der tiefen Nacht
ein Ende
setzen kann

Ruhige See

(Psalm 131)

Im Trubel der Tage
im Strudel der Dinge

höre ich dich
nicht
Herr der Ruhe

In der Geschäftigkeit
der Wichtigkeit

spüre ich dich
nicht
Herr der Achtsamkeit

Im Stolz des Erfolges
im Gelingen der Arbeit

sehe ich dich
nicht

Im Blick des Kindes
des Freundes
des Kritikers
des Du-bist-da

im Trubel
im Strudel
im Erfolg
in der geschäftigen Wichtigkeit

schenke mir
ruhige See
Herr

und in dieser
schenke mir
dich

in allen Dingen

zu
sehen

ruhig
und klar

Brücken bauen

(Psalm 135)

Lobet ihn
der alles vereint

der Linke und Rechte
zusammenbringt

Unvereinbares
für uns

Preiset ihn
der nichts verneint

der alles annimmt
und wachsen lässt

Unmoralisches
für uns

Lobet ihn
der alles erschaffen

nur eines nicht
das Vorurteil

Preiset ihn
der ins Herz schaut

und die Sonne
scheinen lässt

über Gutmütige
und Niederträchtige

Junge und Alte
Heteros und Homos

Lobet
ihn

der Brücken baut

der Brücke ist
für uns

alle

Wer bin ich

(Psalm 139)

In Schubladen gezwängt
lebt es sich

eng

Doch ohne sie
fehlt ihnen die

Ein-Ordnung

den Theoretikern ein Praktiker
den Praktikern zu theoretisch

den Unsicheren ein Arroganter
den Selbstsicheren zu unsicher

Zwei Schubladen
nicht zusammen passend

wo gehöre ich hin

Herr
ohne Schubladen
du kennst mich

meine Theorie und meine Praxis
meine Zweifel und meine Sicherheit

mein Tun und mein Lassen
mein Wollen und mein Hassen

Bevor ich es aussprechen kann
ist es dir bekannt

noch ehe ich es gedacht habe
weißt du um meinen Entschluss

Und dennoch

Herr
ohne Schubladen

drängst du mich nicht
lässt du mich leben

frei
ohne
Schubladen

und so kann ich

sein

Denn in Schubladen gezwängt
lebt es sich

eng

lebt es sich

nicht

Trotz-dem

(Psalm 140)

Gib mir wache Augen und offene Ohren
Herr
im Angesicht böser Menschen

die mir nicht offen ins Gesicht schauen
sondern mir ihre Masken vorführen
gekonnt mit breitem Grinsen lachend
gelernt auch in kirchlicher Sozialisation

die ihr Gift versprühen wie Nattern
wenn ich aus dem Haus gehe
anstatt mir direkt ins Gesicht
ihre Meinung zu sagen

Beschütze mich
Herr
vor feigen Menschen
denn die Feigheit richtet mehr Schaden an
als alle Gewalt der Welt

Behüte mich
Herr
vor unzufriedenen Menschen
denn der Unfriede mit sich selbst
richtet sich oft gegen
Erfolgreiche und Glückliche

Gib mir wache Augen und offene Ohren
Herr
im Angesicht böser Menschen

die des Nachts
berauscht vom Hochmut
kommunikative Schlingen legen
heimtückische Fallen stellen
aus Missgunst heraus

Bewahre mich

Herr
im Land der Unehrlichkeit

und führe du
die Sache der Armen und Redlichen
selbst
zu einem guten Ende

Deinen Namen will ich preisen
und mit ihm auf meiner Zunge

halte ich durch

trotz

Natternbrut
unter den Meinigen
und im Rücken

trotz-dem

Mit ausgestreckten Armen

(Psalm 143)

Offen komme ich zu dir
Herr
mit ausgestreckten Armen

Dir entgegen
der du meine Schwächen
kennst

Gehe nicht zu hart
ins Gericht
mit mir und ihnen

denn kein Einziger
unter dem Himmel
ist gerecht vor dir

Offen komme ich zu dir
Herr
mit ausgestreckten Armen

und lechze nach dir
wie der Liebhaber
nach der Geliebten

Schenke mir
Herr
deine Gegenwart

deinen guten Geist
mich zu geleiten
auf meinem Weg

dass meine Füße
nicht müde werden
und aus dem Tritt geraten

Offen komme ich zu dir

Herr
mit ausgestreckten Armen

weil du mir zuvor kamst
mir
und allen

ausgestreckt
entgegenkommend
umarmend

immer
wieder
neu

Nackt vor dir

Lob dem Gott des Lebens

(Psalm 150)

Lobt Gott

mit Taten
statt
Worten

mit Offenheit
statt
Zurückhaltung

mit Mut
statt
Demut

mit Lust
statt
Keuschheit

mit Leidenschaft
statt
Leiden

mit Visionen
statt
Sorgen

mit eurem Leib
statt
eurem Geist

mit Gesprächen
statt
Schweigen

mit allem
was
in euch ist

ihn zu loben
den
Gott des Lebens

der auch immer

der Gott
der Liebe ist

Literatur

Die Bibel. Einheitsübersetzung, Freiburg u. a. 1997

© Fotos

Coverbild: Impressum
Innenteil: R. Hanstein
Rückseite: G. Bauer

Printed by Books on Demand GmbH, Norderstedt / Germany